westermann

W0185845

Lesen

Erarbeitet von

Heike Baligand
Angelika Föhl
Tanja Holtz
Nadine Pistor

in Zusammenarbeit mit der
Westermann-Grundschulredaktion

Für die Ausleihe bearbeitet von

Heike Baligand
Christina von Weyhe

Unter Beratung von

Nadin Haida-Herklotz
Jutta Ibach
Miriam Jacobs
Katharina Jorga
Insa Scheller
Christina von Weyhe
Prof. Dr. Anja Wildemann

Illustriert von

Karoline Kehr und Susanne Schulte

Flex und Flora 2
Deutsch

Inhaltsverzeichnis

Lesen üben mit Wörtern und Sätzen

1 Sprich mit einem Partnerkind.
Wie kommt Flora auf die Lösung?

2 Welches Wort passt zum Bild? Lies es einem Partnerkind vor.

- Autostreifen
- Autoriesen
- Autoreifen

- Badetanne
- Badekanne
- Badewanne

3 Welche 2 Sätze passen zum Bild? Lies sie einem Partnerkind vor.

- Zwei Kinder spielen mit einem Ball.
- Zwei Rinder spielen mit einem Ball.
- Zwei Kinder spielen auf einer grünen Wiese.

- Lukas spielt zusammen mit Pia im Sand.
- Lukas baut eine große Burg aus Sand.
- Oben auf der Sandburg ist eine Fahne.

4 Welche 2 Sätze stimmen? Lies sie einem Partnerkind vor.

- Mit Geld kann ich kochen.
- Mit Geld kann ich bezahlen.
- In einem Buch kann ich lesen.
- In einem Buch kann ich trinken.

AH S. 64

Anschauliche Vorstellungen beim Lesen entwickeln
Zu einem Bild das passende Wort finden
Sinnvolle Sätze erkennen

Fo 65, 66

Wörter verändern

1 Lies die Wörter und Sätze genau. Ersetze die blauen Wörter.

Mund	lecker	Tischen	Kinder	Schule

Wir frühstücken heute in der Schale.
Alle Rinder haben Frühstück mitgebracht.
Die leckeren Sachen stehen auf den Taschen.
Ich stecke mir eine Tomate in den Mond.
Die schmeckt mir besonders locker.

2 Lies einem Partnerkind die Sätze von Aufgabe 1 richtig vor.

3 Bilde neue sinnvolle Wörter.
Tausche immer den blauen Selbstlaut aus.
Schreibe die Wortpaare ins Heft.
Markiere die Selbstlaute.

Aus Hand wird ▬ . Aus Hase wird ▬ .
Aus Burg wird ▬ . Aus Gold wird ▬ .

4 Lies die Sätze genau.
Lies einem Partnerkind die richtigen Sätze vor.

a) Der Geburtstag von Kindern ist ein Kindergeburtstag.
Der Geburtstag von Kindern ist ein Rindergeburtstag.

b) Einen Himmel voller Sterne nennt man Sternenhummel.
Einen Himmel voller Sterne nennt man Sternenhimmel.

Wörter und Sätze mit Bildern vergleichen

1 Lies den Text und schau dir das Bild an.
Welche 2 Sätze passen zum Bild? Lies sie einem Partnerkind vor.

- Familie Klein wohnt in einem gelben Haus.
- Vor dem Haus steht ihr grünes Auto.
- Direkt vor dem Haus steht eine Laterne.
- Es regnet in Strömen.
- Aus dem Haus kommt Julia.
- Das Haus steht an einer Straße.

2 Vergleiche die Dinge, die auf der Liste stehen, mit dem Bild.

Julias Packliste
- Schwimmbrille
- 2 Bücher
- 1 Spiel
- 2 T-Shirts
- 2 kurze Hosen
- Bonbons
- Sonnenhut

3 a) Was hat Julia noch nicht eingepackt? Schreibe ins Heft.
b) Welche 2 Dinge hat sie zusätzlich eingepackt? Schreibe ins Heft.

3a) …
b) …

4 Was könnte Julia noch mitnehmen? Schreibe ins Heft.

AH S. 65
75

Sätze mit einem Bild vergleichen
Eine Liste mit einem Bild vergleichen
Eigene Ideen für eine Packliste entwickeln

KV 117
Fö 149

Sätze Bildern zuordnen

1 Welcher Satz passt zu welchem Bild?
Zeige es einem Partnerkind.

Mina ist mit ihrem Hund Flips auf der Wiese.

Sie wirft einen Stock und Flips rennt hinterher.

Aber Flips bringt Mina einen Ball zurück.

Da ruft Minas Freund Lukas: „Flips! Gib mir sofort meinen Ball zurück!“

2 Welche Sätze gehören zum Thema **Biene**?
Schreibe sie ins Heft.
Markiere die Wörter, die zur Biene passen.

2) Die Biene
Die Honigbiene ...

Die Biene **Die Katze**

Die Honigbiene lebt in einem Bienenvolk.
Die Katze ist ein beliebtes Haustier.
Jedes Bienenvolk hat eine Bienenkönigin.
Du kannst mit ihr spielen und schmusen.
Eine Katze braucht viel Bewegung.
Die Bienenkönigin wird höchstens 4 Jahre alt.

3 Lies einem Partnerkind den Text über die Biene oder über die Katze vor.

Lesen üben mit Texten

1 Sprich mit einem Partnerkind.

a) Welches Tier ist gemeint?

b) Warum muss Flex das Rätsel bis zum Ende lesen?

2 Lies den Text genau. Was bedeutet das Quatschwort? Überlege beim Lesen und zeige es einem Partnerkind.

Lias Klurkel

Lia spielt am liebsten draußen mit ihrem Klurkel.
Der Klurkel kann hoch springen und schnell laufen.
Ihr Klurkel ist brav und hört auf das, was sie sagt.
Zur Begrüßung bellt ihr Klurkel immer laut.

Ein **Klurkel** ist ein: • Hund • Ball • Bruder

Wenn du einen Text verstehen willst, musst du ihn genau lesen.
Viele Texte kannst du nur verstehen, wenn du sie bis zum Ende liest.

Ein Rätsel durch Ausschlussverfahren lösen
Bilder und Sätze vergleichen
Einen Text mit einem Fantasiewort lesen und das Wort erschließen

Fo 67, 68

Quatschwörter erschließen

1 Finde das Quatschwort in jedem Satz.
Was bedeutet es?
Schreibe ins Heft, welches Wort du für das Quatschwort einsetzen kannst.

1a) Trunkel = ...
b) ...

a) Ein Trunkel ist rund und man kann davon essen.
- Teller
- Ball

b) Der Zokel schreibt gut, wenn er angespitzt ist.
- Füller
- Bleistift

c) Eine Rurzie hat jeder und man kann damit riechen.
- Nase
- Hand

d) Mit dem Sagul kann man etwas zerschneiden.
- Messer
- Löffel

2 Lies den Text genau. Was bedeutet das Quatschwort?

Mareikes Piratenfest beginnt. Die Kinder sollen etwas zupsen.
Tom ärgert sich: „Wo soll ich nur zuerst zupsen?“
Mareike sagt: „Auf der Karte steht genau,
wo du zupsen musst.“ Alle zupsen angestrengt.
Da ruft Leon: „Ich habe den Schatz gefunden!
Hört auf zu zupsen! In der Kiste ist ein Kuchen!“

zupsen bedeutet: • schaukeln • suchen • liegen

3 Lies den Text genau.
Was bedeuten die Quatschwörter?
Schreibe ins Heft.

3) Hurkelo ist ...
...

Hurkelo ist unser Hobby

Lennart kann schnell rennen und kawummt seit zwei Jahren Hurkelo.
Seine Freundin Alina kawummt auch Hurkelo.
Sie ist eine gute Spielerin und kawummt in der Abwehr.
Beide Kinder werfen viele Tore. Am Sonntag kawummt
aber nur Alina beim Hurkeloturnier. Lennart ist nicht dabei.
Er kawummt Geige auf einem Konzert.

Hurkelo ist: • Handball • Federball
kawummt bedeutet: • spielt • singt

Einen passenden Text zum Bild finden

1 Schau dir die Bilder genau an.
Lies den Text.

Das ist ein Olchi
von Erhard Dietl

Olchis sind stark.
Einen Ziegelstein können sie
232 Meter weit werfen.

In stinkigem Qualm fühlen sich
Olchis besonders wohl.
Auch Autogase atmen sie gern ein.

Olchis freuen sich, wenn sie im Müll
leckere Sachen finden.
Sie essen und trinken am liebsten
Scharfes, Bitteres und Ätzendes.

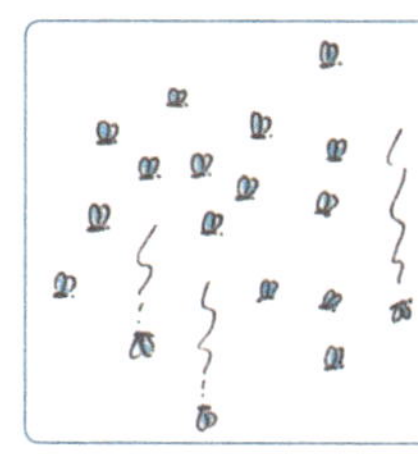

Ein Olchi wäscht sich nie.
Daher stinkt er fein faulig.
Fliegen lieben die Olchis,
aber ihr Mundgeruch
lässt die Fliegen oft abstürzen.

In Schlammpfützen hüpfen
die Olchis gern herum.

2 Zeige einem Partnerkind zu jedem Text das passende Bild.

3 Immer ein Wort passt zu einem Bild. Zeige es einem Partnerkind.

AH S. 67

Texten Bilder zuordnen
Schlüsselwörter erkennen und markieren

Passende Textteile auswählen

1 Lies die Überschriften und den Text.
Welche Überschrift passt zum Text?

Der Streit | **Das bin ich** | **Mein Spielplatz**

Ich heiße Anna und bin 8 Jahre alt.
Meine Haare sind braun.
Meine Augen sind blau
und mein Hobby ist Fußball.
Mein bester Freund heißt Colin.

2 Lies den Anfang und die beiden Möglichkeiten
für ein Ende der Geschichte.

Ein toller Ausflug
Colin und ich machen mit meinen Eltern einen Ausflug.
Wir fahren in ein Schwimmbad mit Riesenrutsche.

- Als wir ankommen, steigen Colin und ich aus dem Auto. Mein Vater bezahlt den Eintritt und eine Tüte Popcorn. Wir haben tolle Plätze. In 10 Minuten fängt der Film an.
- Wir sind da! Colin und ich springen aus dem Auto. Zuerst müssen wir duschen, aber dann klettern wir die Stufen zur Rutsche hoch. Colin saust zuerst ins Wasser.

3 Lies die Geschichte mit dem passenden Ende einem Partnerkind vor.

4 Was könnten die Kinder im Schwimmbad erleben?
Schreibe einen Satz ins Heft.

Eine zum Text passende Überschrift zuordnen
Ein passendes Ende für einen Text finden
Einen Text sinnvoll ergänzen

Stolperwörter finden

1 Lies den Text.
In jedem Satz passt ein Wort nicht.
Schreibe die Wörter, die nicht passen,
ins Heft.

1) Eis
...

Ein ganz normaler Morgen

Justus muss endlich Eis aufstehen.
Im Bett ist Zucker es warm und so gemütlich.
Justus Auto steigt aus dem Bett und geht ins Bad.
In seinem Zimmer zieht liest Justus sich an.
Jetzt muss er noch seine lachen Schultasche packen.

2 Lies den Text.
An 6 Stellen passen Wörter nicht.
Schreibe sie ins Heft.

2) Opa
...

Justus packt Hefte und Bücher Opa ein. Dann stellt er seine Tasche an die Haustür. Schnell trinkt hilft er ein Glas Milch und schmiert sich ein Brötchen. Mama fragt: „Was macht ihr heute in der den Schule?“ Justus erzählt: „Heute wollen wir im Schulgarten arbeiten. Wir wollen Salat pflanzen Kindern, Möhren säen und die im Wege harken.“ Mama sagt: „Viel Spaß!“ Garten Justus ruft: „Danke!“ Dann macht er sich auf den Weg.

3 Schreibe 3 Sätze ins Heft und verstecke Stolperwörter darin.
Lass ein anderes Kind die Stolperwörter finden.

78

Syntaktisch unpassende Wörter in Sätzen finden
Semantisch unpassende Wörter im Text finden
Sätze mit Stolperwörtern schreiben

KV 123
Fö 156
HR

Zwei Texte vergleichen

1 Lies die Texte.

Text A

Was für ein Durcheinander

Laura hat ihren Ball verloren. Sie hat überall gesucht. Sogar hinter ihren Schrank hat sie geschaut. Laura denkt: „Vielleicht ist er unter das Bett gerollt.“ Sie schaltet die Taschenlampe an. Unter dem Bett liegen viele Sachen. Sie murmelt: „Die Hose hab ich schon gesucht.“ Aber der Ball ist nicht unter dem Bett. „Ich sollte mal gründlich aufräumen.“, sagt Laura leise.

Text B

Was für ein Durcheinander

Laura hat ihren Bruder verloren. Sie hat überall gesucht. Sogar hinter ihren Rücken hat sie geschaut. Laura denkt: „Vielleicht ist er unter das Klo gerollt.“ Sie schaltet die Taschenlampe an. Unter dem Schuh liegen viele Sachen. Sie murmelt: „Die Oma hab ich schon gesucht.“ Aber der Bruder ist nicht unter dem Topf. „Ich sollte mal gründlich aufräumen.“, sagt Laura leise.

2 Welche 7 Wörter sind in Text B anders? Schreibe sie ins Heft.

2) Bruder
...

3 Welcher Text ist ein Quatschtext? Erkläre einem Partnerkind, woran du es erkannt hast.

L2

Kurze Texte genau lesen und Unterschiede finden
Einen Text auf seine Sinnhaftigkeit überprüfen
Einem Partnerkind etwas erklären

KV 124
Fö 157

Tabellen und Grafiken lesen

(A) Stadtplan

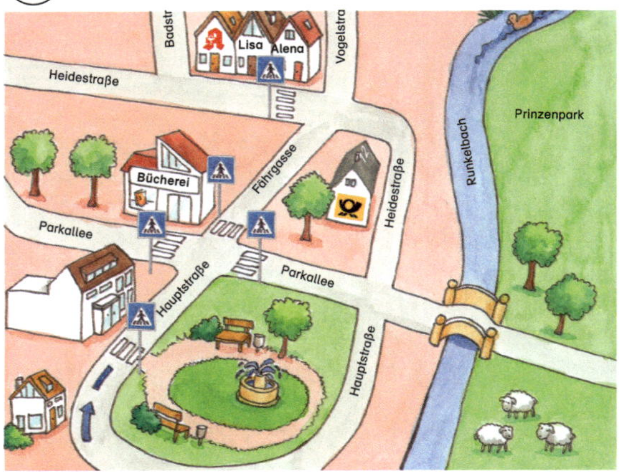

(B) Säulendiagramm

Umfrage: Welche Medien nutzt du am liebsten?

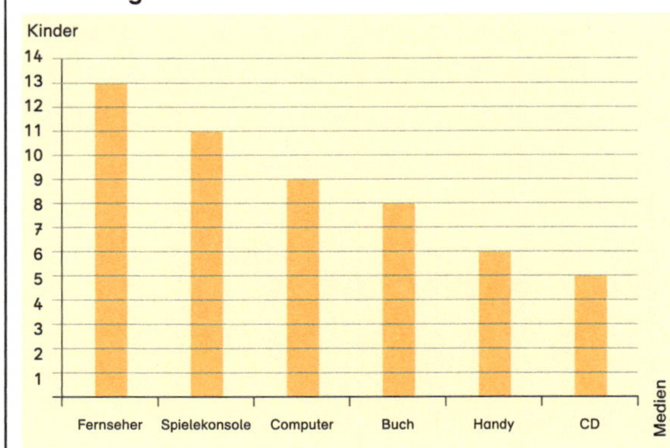

(C) Tabelle

AG-Plan der Sonnenschule

	Montag	Mittwoch	Donnerstag
Turnhalle	Spiele	Fußball	Tanzen
Schwimmbad	Wasserball	Schwimmen	
Kunstraum	Kleistern	Malen	Werken mit Holz

1 Sprich mit einem Partnerkind.
Welche Informationen meint Flex?

2 Lies die Erklärungen.
Sage einem Partnerkind den richtigen Buchstaben von Aufgabe 1.

- In einer **Tabelle** liest du Informationen in Zeilen und Spalten.
- Auf einem **Stadtplan** liest du, welche Straßen, Plätze und Gebäude es in einer Stadt gibt.
- In einem **Diagramm** liest du Ergebnisse ab, zum Beispiel an Säulen.

Ein Diagramm untersuchen und lesen

1 Die Klasse 2a hat über 4 Themen abgestimmt.
Lies das Säulendiagramm.

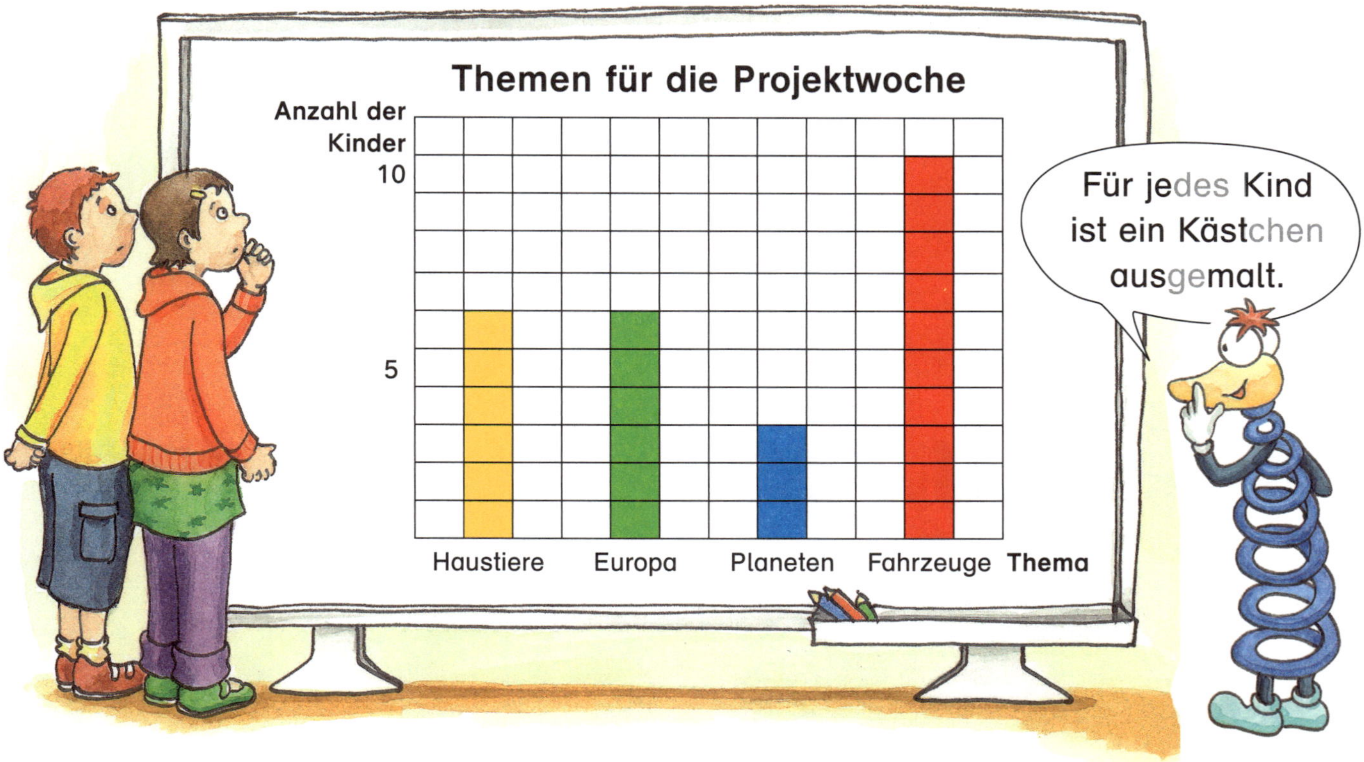

2 Über welche Themen haben die Kinder abgestimmt?
Zeige einem Partnerkind die Themen im Diagramm.

3 Lies die Fragen.
Schau das Diagramm an und schreibe die Antworten ins Heft.

3a) ...
b) ...

a) Wie viele Kinder haben für **Haustiere** gestimmt?

b) Wie viele Kinder haben für **Europa** gestimmt?

c) Wie viele Kinder haben für **Planeten** gestimmt?

d) Wie viele Kinder haben für **Fahrzeuge** gestimmt?

e) Wie viele Kinder haben insgesamt abgestimmt?

f) Welche Themen haben gleich viele Stimmen bekommen?

g) Welches Thema hat die meisten Stimmen bekommen?

Einen Stadtplan lesen

1 Lies den Stadtplan von Seite 16.
Zeige einem Partnerkind, welches Wort zu welchem Zeichen passt.

Post | Bäckerei | Apotheke | Parkplatz | Haltestelle

2 Suche die Zeichen von Aufgabe 1 im Stadtplan von Seite 16.
Zeige sie einem Partnerkind.

3 Schreibe die Namen ins Heft.

3a) Mäuseweg
b) …

a) Welche Straße führt zum Spielplatz?
b) Welche Straße führt über den Bach?
c) In welcher Straße ist das Rathaus?
d) In welcher Straße wohnen Lisa und Alena?
e) Wie heißt der Bach?
f) Wie heißt die Schule?
g) Wie heißt der Park?
h) In welcher Straße ist die Bücherei?

4 Suche Bens Haus im Stadtplan. Zeige es einem Partnerkind.
Zeige Bens Weg von zu Hause bis zur Parkschule auf dem Plan.

5 Erkläre einem Partnerkind Bens Schulweg.
Ben kommt aus dem Haus und geht …
Dein Partnerkind folgt deiner Beschreibung
mit dem Finger auf dem Stadtplan.

Tabellen untersuchen und lesen

1 Lies die Tabelle.

Spalte ↓

Öffnungszeiten der Schulbücherei 

Zeile →

	Montag	Mittwoch	Freitag
1. Stunde	X		X
große Pause		X	
6. Stunde		X	X

← Feld

2 Beantworte die Fragen einem Partnerkind.

a) Wie viele **Zeilen** hat die Tabelle?

b) Wie viele **Spalten** hat die Tabelle?

c) An welchen Tagen hat die Schulbücherei geöffnet?

d) An welchen Tagen hat die Schulbücherei in der Pause geöffnet?

3 Lies die Tabelle.
Schreibe die richtigen Antworten ins Heft.

3a) ...
b) ...
c) ...

a) An welchem Tag hat die Bücherei nur einmal geöffnet?
- am Montag
- am Mittwoch
- am Freitag

b) Zu welchen Zeiten kann man Bücher ausleihen?
- Montag in der 1. Stunde
- Montag in der großen Pause
- Mittwoch in der 6. Stunde
- Mittwoch in der großen Pause
- Freitag in der großen Pause
- Freitag in der 6. Stunde

c) Welcher Satz passt zum markierten **Feld**?
- Am Freitag in der 1. Stunde kann man Bücher ausleihen.
- Am Freitag in der 1. Stunde kann man keine Bücher ausleihen.

Eine Tabelle lesen
Fachbegriffe einer Tabelle kennen
Einer Tabelle gezielt Informationen entnehmen

4 Lies den Stundenplan.

Stundenplan der Klasse 2b

	Montag	Dienstag	Mittwoch	Donnerstag	Freitag
1. Stunde	Deutsch	Religion	Religion	Deutsch	Englisch
2. Stunde	Mathe	Deutsch	Mathe	Deutsch	Deutsch
3. Stunde	Musik	Mathe	Kunst	Englisch	Mathe
4. Stunde	Sachunterricht	Sport	Kunst	Mathe	Sport
5. Stunde	Sport		Deutsch	Sachunterricht	

5 Lies die Fragen. Sage einem Partnerkind die richtigen Antworten.

a) Wie viele Spalten hat der Stundenplan? • 5 • 6 • 7

b) Wie viele Zeilen hat der Stundenplan? • 5 • 6 • 7

c) Was steht im markierten Feld? • Montag • 2. Stunde

d) Welches Fach hat die Klasse 2b am Donnerstag in der 3. Stunde?

e) Was haben die Kinder am Dienstag nach Deutsch?

f) An welchem Tag haben die Kinder eine Doppelstunde Kunst?

6 Lies die Sätze und vergleiche mit der Tabelle. Schreibe die richtigen Sätze ins Heft.

6) Am Montag ...
...

- Am Montag brauchen die Kinder ihren Turnbeutel.
- Der Unterricht endet für die Kinder immer nach der 5. Stunde.
- Die Kinder haben am Dienstag Musik.
- Deutsch haben die Kinder jeden Tag.

Fachbegriffe kennenlernen und nutzen

1 Sprich mit einem Partnerkind. Welche Fachbegriffe zu Texten kennt ihr schon?

2 Lies den Text und die Fachbegriffe.

Text	Fachbegriff
Eisbären	Überschrift
von Mary Pope Osborne	Autorin
Eisbären sind die größten Raubtiere der Erde. Sie machen die tollsten Sachen! Sie legen kurze Sprints mit mehr als 40 Stundenkilometern hin oder schwimmen ohne Pause bis zu 100 Kilometer weit!	Absatz / Abschnitt
Obwohl Eisbären riesige Tiere sind,	Zeile
können sie auch über dünnes Eis laufen, ohne einzubrechen. Ist das Eis besonders dünn, legen sie sich auf den Bauch und robben ganz langsam vorwärts. Das sieht sehr lustig aus!	
Eisbären haben breite Schultern, große Pfoten und kräftige Vorderbeine.	Satz
Die Männchen wiegen oft über 500 Kilo und werden bis zu drei Meter groß. Stehen sie aufrecht, sind sie so groß wie ein einstöckiges Haus. *(gekürzt)*	

3 Sage einem Partnerkind die richtigen Antworten.

a) Wer hat den Text geschrieben? • die Autorin • die Autofahrerin
Ihr Name ist ___ .

b) Wie viele Absätze hat der Text? • 2 • 3 • 4

c) Wie viele Zeilen hat der Text? • 6 • 20 • 16

d) Welche Zeilen gehören zum 3. Absatz? Zeile ___ bis ___

e) In welcher Zeile steht dieser Satz?
Das sieht sehr lustig aus! Zeile ___

4 Wohin gehören diese Fachbegriffe?
Zeige einem Partnerkind die richtigen Stellen.

Autorin	Zeile	Absatz	Satz	Überschrift

Das Winterfell der Eisbären ___

von Mary Pope Osborne ___

Die äußeren Fellhaare sind ölig. Schüttelt sich der Bär, spritzen Wasser und Eisstückchen in alle Richtungen. Eisbären sind sozusagen wasserdicht. ___

Darunter haben Eisbären noch eine innere Fellschicht, so ähnlich wie ein warmer Pullover unter einem Anorak. Diese Fellschicht schützt vor kalter Luft und hält den Bärenkörper warm. ___

Die Eisbärenhaut ist schwarz. Durch das dicke Fell sieht man die schwarze Haut aber nicht. *(gekürzt)* ___

Fachbegriffe für Texte üben

1 Lies die Geschichte.

von Salah Naoura

Hugo war leider kein sehr geschickter Hund. Eines Tages kam Oma Frieda mit einer Katze nach Hause! *Wie schrecklich*, dachte Hugo. „Wie süß!“, sagte Oma Frieda. „Das ist Mimi.“

Abends vor dem Einschlafen las Oma Frieda Hugo und Mimi aus Hugos Lieblingsbuch vor. „Superhund war ein Held“, las sie. „Und er war nett. Besonders zu Katzen.“ „Quatsch!“, knurrte Hugo.

„Er hatte ein Superauto, mit dem er überallhin fuhr“, las Oma Frieda weiter. „Und rote Superstiefel, mit denen er springen konnte. So hoch, dass es sich fast wie Fliegen anfühlte.“

Hugo war der einzige Hund, der das geheime Versteck von Superhund kannte. Es war gar nicht weit weg ... Gleich unter Oma Friedas Haus! *(gekürzt)*

2 Welche Überschrift passt zum Text auf Seite 22? Schreibe ins Heft.

2) ...

- Das Unwetter
- Superhund
- Abenteuer auf der Hundewiese

3 Lies die Aufgaben. Schreibe ins Heft.

3a) ...
b) ...

a) Wie heißt der Autor?

b) Wie viele Zeilen hat die Geschichte?

c) Finde den Satz im zweiten Absatz der Geschichte:

„Superhund war ein Held", las sie.

In welcher Zeile steht der Satz?

d) Wie viele Absätze hat die Geschichte?

4 Welche 3 Sätze passen? Schreibe ins Heft.

4) ...
...

- Jemanden, der einen Text schreibt, nennt man Absatz.
- Ein Satz kann länger sein als eine Zeile.
- Eine Geschichte hat immer 3 Überschriften.
- In der Überschrift erfährt man, worum es im Text geht.
- Ein Absatz besteht aus mehreren Zeilen.

5 Schreibe die 2 falschen Sätze von Aufgabe 4 richtig ins Heft.

5) ...
...

6 Suche dir ein Partnerkind.
Lest den letzten Absatz der Geschichte noch einmal.
Überlegt, wie es weitergehen könnte.

Sprechen, vortragen und spielen

1 Suche dir für die Aufgaben 2–9 ein Partnerkind.

2 Schaut euch das Bild an. Wie fühlen sich Flex und Flora?
Zeige die passenden Wörter.

Flora: wütend genervt glücklich ärgerlich fröhlich

Flex: fröhlich erschrocken unglücklich

3 Lest das Gespräch von Flora und Flex vor.
Man soll an eurer Stimme merken, wie sich beide fühlen.

4 Lest die Sätze halblaut.
Findet zu jedem Satz das passende Bild.

„Ich bin froh, heute ist ein richtig schöner Tag!“

„Ich lache mich kaputt! Das war ein super Witz!“

„Ich bin wirklich wütend! Lass das endlich sein!“

„Ich habe Angst! Im Schrank ist ein Monster!“

5 Lest die Sätze von Aufgabe 4 vor.
Man soll an eurer Stimme merken, wie sich die Kinder fühlen.

An der Stimme kannst du erkennen, wie sich jemand fühlt:
fröhlich, traurig, wütend, …

Gefühle in gesprochener Sprache erkennen
Gefühle beim Vorlesen zum Ausdruck bringen
Sätze betont vorlesen

Fö 165
HR

6 Welches Bild passt zum Satz? Zeige es einem Partnerkind.

Max kauft eine rote Mütze.

Max kauft eine rote Mütze.

Max kauft eine rote Mütze.

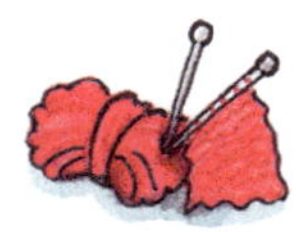 

Max kauft eine rote Mütze.

7 Lest die Sätze von Aufgabe 6.
Sprecht die markierten Wörter lauter und besonders deutlich.

8 Lest die Sätze.
Sprecht die markierten Wörter lauter und besonders deutlich.

Spielst du gern in deinem Zimmer?

Nein, ich spiele gern im Garten.

Spielt Nele gern im Garten?

Nein, ich spiele gern im Garten.

9 Übt das Gespräch. Tragt es vor.

Was dir besonders wichtig ist, sprichst du lauter und besonders deutlich.
Das heißt **Betonung**.

„Max kauft eine rote Mütze."
„Max kauft eine rote Mütze."

Zungenbrecher lesen und vortragen

1 Lies die beiden Zungenbrecher mehrmals langsam.
Mache am Ende jeder Zeile eine Pause.

Paulchens Katze Tatze
zerkratzt mir die Matratze.

Zwischen zwei Zwetschgenzweigen
sitzen zwei zwitschernde Schwalben.

2 Lies die Zungenbrecher mehrmals langsam.
Mache am Ende jeder Zeile eine Pause.

Fischers Fritz fischt frische Fische.
Frische Fische fischt Fischers Fritz.

Auf den sieben Robbenklippen
sitzen sieben Robbensippen,
die sich in die Rippen stippen,
bis sie von den Klippen kippen.

Zwanzig Zwerge machen Handstand.
Zehn am Sandstrand, zehn im Wandschrank.

Schnecken erschrecken,
wenn Schnecken an Schnecken schlecken,
weil zum Schrecken vieler Schnecken
Schnecken gar nicht schmecken.

3 Wähle einen Zungenbrecher aus.
Lerne ihn auswendig
und trage ihn einem Partnerkind vor.

4 Sammelt Zungenbrecher. Gestaltet damit ein Plakat.

Zungenbrecher langsam und mit Pausen vorlesen
Einen Zungenbrecher betont vortragen

HR

Ein Gedicht auswendig vortragen

1 Lies das Gedicht.

Der Specht
von Friedl Hofbauer

Es hämmert der **Specht**:
Wurm in der **Rinde**,
wenn ich dich **finde**,
geht es dir **schlecht**!,
hämmert der **Specht**.
Dem Baum ist das **recht**.

2 Schau dir die Bilder neben dem Gedicht von Aufgabe 1 an.
Finde immer das passende Bild zum Vers.

3 Lies das Gedicht halblaut. Betone die Reimwörter.
Mache zu jedem Vers die passende Bewegung.

4 Lerne das Gedicht auswendig. Die Bewegungen helfen dir dabei.

a) Sage zuerst 2-mal die **Überschrift** und den **Autor** auf.

b) Übe dann 2-mal die **Überschrift**, den **Autor** und den **ersten grünen Vers** zusammen.

c) Übe genauso weiter. Nimm **immer einen Vers mehr** dazu und lerne so das ganze Gedicht auswendig.

5 Trage das Gedicht einem Partnerkind auswendig vor.
Denke an Bewegung und Betonung.

6 Finde ein anderes Gedicht.
Lerne es auswendig.
Trage es einem Partnerkind vor.

Einen Comic spielen

1 Suche dir für die Aufgaben 2–6 ein Partnerkind.

2 Lest den Comic.

Kraulen
von Charlotte Habersack und Mascha Greune

3 Sprecht über den Comic.
Was meint die Gans? Was meint der Fuchs?

4 Verteilt die Rollen.
Wer spielt die Gans? Wer spielt den Fuchs?

5 Übt den Comic für eine Aufführung. Denkt an Bewegung und Betonung.

6 Spielt die Geschichte vor.

Einen Witz spielen

1 Suche dir für die Aufgaben 2–5 ein Partnerkind.

2 Lest die Witze.

Der Handballspieler fragt:	Herr Doktor, wird meine Hand wieder ganz gesund? Kann ich jemals wieder Handball spielen?
Der Arzt antwortet:	Aber natürlich! Sie haben wirklich Glück gehabt. Mit Ihrer Hand können Sie sogar Klavier spielen!
Der Handballspieler sagt glücklich:	Toll! Dann hat sich der Unfall ja gelohnt.
Der Arzt fragt verwundert:	Wieso? Was meinen Sie?
Der Handballspieler sagt begeistert:	Ich wollte immer schon Klavier spielen können.

Bruno stöhnt:	Puh! Das Klavier ist aber schwer! Und dann bis in den 7. Stock!
Karl sagt:	Bruno, ich muss dir etwas sagen!
Bruno antwortet genervt:	Nicht jetzt! Sag es, wenn wir oben sind.
Karl sagt leise:	Jetzt sind wir oben.
Bruno fragt:	So, was wolltest du mir sagen?
Karl antwortet kleinlaut:	Wir sind im falschen Haus!

3 Wählt einen Witz aus. Verteilt die Rollen.

4 Übt den Witz für eine Aufführung. Denkt an Bewegung und Betonung.

5 Spielt den Witz vor.

Lesestrategien kennenlernen und nutzen

1 Sprich mit einem Partnerkind.
Was meint Flora?

2 Lies die Überschrift.
Schau dir das Foto an.
Was stellst du dir unter einem Pistolenkrebs vor?
Schreibe ins Heft.

Der Pistolenkrebs

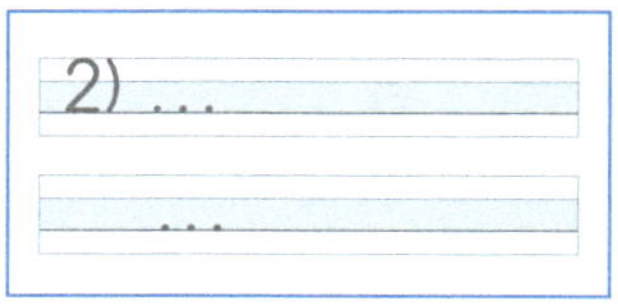

Lesestrategien helfen dir, einen Text besser zu verstehen.
Dabei gehst du Schritt für Schritt vor.

<u>Vor dem Lesen</u>
Du liest die Überschrift und schaust dir die Bilder an.
Du überlegst dir, worum es in dem Text gehen könnte.

3 Lies den Text Absatz für Absatz.
Beantworte die Fragen.

Der Pistolenkrebs

Der Pistolenkrebs wird nur etwa 5 cm groß.
Besonderes Merkmal sind seine beiden unterschiedlich großen Scheren.
In der größeren versteckt sich seine „Pistole".

a) Was passt zu diesem Absatz?
- Nahrung
- Aussehen

Mit seiner „Pistole" kann der Pistolenkrebs laut knallen.
Dadurch betäubt oder verletzt er seine Beute.
Er stellt mit seiner Schere eine Luftblase her.
Die Luftblase zerplatzt dann mit einem lauten Knall.
Dieser Knall ist lauter als ein Düsenflugzeug.
Außerdem entsteht dabei eine große Hitze.
Sie ist fast so heiß wie die Temperatur auf der Sonnenoberfläche.

b) Was passt zu diesem Absatz?
- Informationen zur Pistole
- Informationen zu Feinden

Beim Lesen
Du liest den Text genau Absatz für Absatz.
Du klärst unbekannte Wörter, beantwortest Fragen, markierst Textstellen, …

4 Was hast du über den Pistolenkrebs erfahren?
Stimmt deine Vermutung von Aufgabe 2?
Erkläre es einem Partnerkind.

Nach dem Lesen
Du denkst über das nach, was du gelesen hast.
Du kannst auch mit einem Partnerkind darüber sprechen.

1 Lies die Überschrift des Textes von Aufgabe 2 und schau dir die Bilder an.
Was weißt du über Augenbrauen?
Schreibe ins Heft.

1) …

2 Lies den Text Absatz für Absatz.
Beantworte die Fragen.

Augenbrauen

Deine Augen sind empfindlich.
Deshalb wächst über ihnen
ein haariger Schutz.
Doch die Brauen können noch mehr …

a) Was passt zu diesem Absatz?

- Augenbrauen
- Wimpern

Wir Menschen sind etwas Besonderes.
Wir gehören zu den wenigen Säugetieren, denen
Augenbrauen wachsen.
Das hat einen einfachen Grund:
Wir gehören auch zu den wenigen
Säugetieren, die kein Fell tragen.
Daher brauchen wir
den schmalen Streifen aus Haar
als Schutz vor Schmutz.
Die Brauen verhindern, dass Schweiß
und Staub ins Auge geraten.

b) Was passt zu diesem Absatz?

- Augenschutz
- Augenschmuck

Die Lesestrategie *Vorwissen aktivieren* anwenden
Einen Sachtext lesen
Textabschnitten fragengestützt Informationen entnehmen

Aber nicht nur das!
Mit den Brauen zeigst du,
wie du dich fühlst:
Wirst du überrascht,
hebst du sie ganz automatisch an.

Probiere vor dem Spiegel mal
verschiedene Stimmungen aus.

c) Was passt zu diesem Absatz?

- Gefühle zeigen
- Temperatur fühlen

3 Was verhindern die Augenbrauen?
Schreibe ins Heft.

3) ...

4 Was wusstest du schon
über Augenbrauen?
Was hast du Neues erfahren?
Erkläre es einem Partnerkind.

1 Was weißt du über Bananen?
Schreibe ins Heft.

2 Lies den Text
und schau dir die Bilder an.

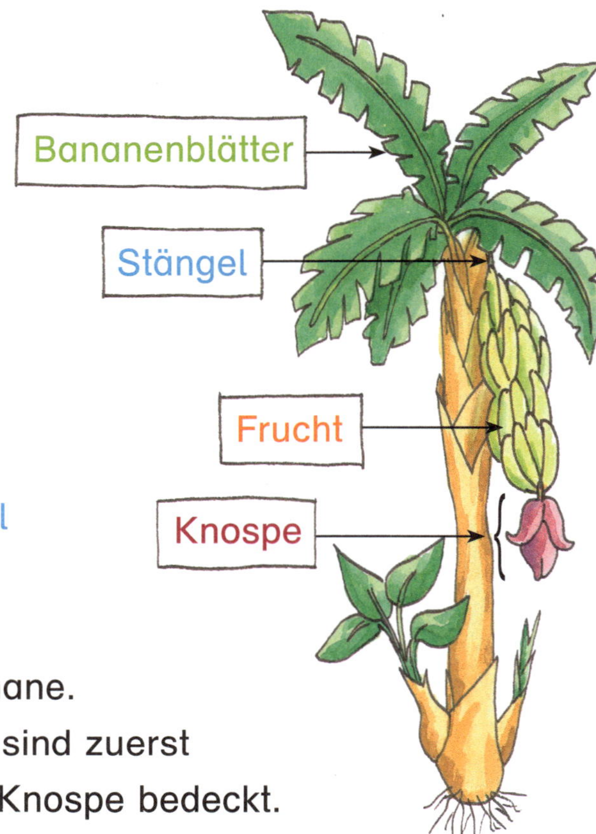

Bananenstaude

Warum ist die Banane krumm?

Die großen Bananenblätter wachsen eng aneinander aus der Erde heraus. Das sieht fast aus wie ein Baumstamm. Die Bananenpflanze ist aber kein Baum, sondern eine Staude. Aus der Staude wächst an einem Stängel eine große Knospe heraus. Die Knospe hat viele Blüten. Aus jeder Blüte wird eine Frucht: die Banane.

Die kleinen Bananen sind zuerst von den Blättern der Knospe bedeckt. Sie wachsen gerade nach unten. Wenn die Blätter abfallen, biegen sich die Bananen nach oben zur Sonne. So werden die Bananen krumm.

Die Bananen werden geerntet, wenn sie noch grün sind. Sie werden abgetrennt, gewaschen und in Kisten verpackt. Die meisten Bananen werden exportiert. Das bedeutet, dass sie in andere Länder gebracht werden.

Die Lesestrategie *Vorwissen aktivieren* anwenden
Einen Sachtext lesen und dabei Abbildungen einbeziehen

3 Lies den ersten Absatz noch einmal.
Halte an jedem farbig gedruckten Wort an
und suche es im Bild.

4 Finde die Sätze im Text.
Schreibe jeweils die Zeile ins Heft.

4a) Zeile …
b) …

a) Das sieht fast aus
wie ein Baumstamm.
b) Sie wachsen gerade nach unten.

5 Lies die Sätze.
Schreibe ins Heft.

5)	stimmt	stimmt nicht
a)	☐	☐
b)	☐	☐
c)	☐	☐

a) Die Banane ist die Frucht
der Bananenstaude.
b) Die Banane ist krumm,
weil ein Bananenbieger jede Banane verbiegt.
c) Die Banane wird von allein krumm,
weil sie nach oben zur Sonne wächst.

6 Suche im Text das Wort **exportiert**.
Lies den Absatz, in dem dieses Wort steht.
Schreibe dann die richtige Antwort ins Heft.

6) Wenn …

Wenn Bananen exportiert werden, dann …
- dürfen das nur gerade Bananen sein.
- werden die Bananen in andere Länder gebracht.
- macht man aus den Bananen einen Kuchen.

7 Welcher Satz im Text ist für dich
besonders interessant?
Begründe es einem Partnerkind.

8 Willst du noch mehr über die Banane wissen?
Sieh im Internet unter dem Stichwort **Banane** in einer
Kindersuchmaschine nach.

Medien kennenlernen und nutzen

1 Sprich mit einem Partnerkind.
Was entdecken Flex und Flora
in der Bücherei?

In einer Bücherei kannst du **Medien** lesen, hören und ausleihen.
Medien sind Bücher, Zeitschriften, Filme, Hörbücher, Apps, ...
Es gibt Medien in gedruckter und digitaler Form.
Fernsehen, Radio, Tablet, Smartphone, ... sind auch Medien.

Eine Bücherei mittels eines Bildes kennenlernen
Informationen über die Bücherei verbalisieren
Fachbegriffe kennenlernen

2 Suche im Bild von Seite 36:

a) Wo findest du Medien über das Weltall?

b) Wo stehen die Märchen?

c) Wo findest du Computerspiele?

3 Beantworte die Fragen zum Bild von Seite 36.
Schreibe ins Heft.

3a) Tiere, ...
b) ...

a) Zu welchen Themen findest du Bücher in der Bücherei? Schreibe 3 Themen auf.

b) Was kann man außer Büchern in der Bücherei ausleihen?

c) Wie heißt das Thema des Monats?

d) Was würdest du dir aus der Bücherei ausleihen?

4 Beantworte die Fragen. Schreibe ins Heft.

4) ...

a) Was kann man mit dem Computer in der Bücherei machen?

b) Was machst du, wenn du ein Medium aus der Bücherei verlängern willst?

5 Suche dir ein Partnerkind. Beantwortet die Fragen.

a) Was macht die Frau bei der Ausleihe?

b) Warum werden Medien nach verschiedenen Altersgruppen sortiert?

c) Warum sind Kopfhörer in der Bücherei nützlich?

Sich in einer Bücherei orientieren und Fragen beantworten
Über den Einsatz des Computers in der Bücherei nachdenken
Unterschiedliche Medienangebote kennenlernen und auswählen

Medien zum Lesen, Hören, Spielen nutzen

1 Welche Medien nutzt du? Schreibe ins Heft.

- App
- Hörbuch
- Buch
- Spiel
- Film
- Zeitschrift
- ?
- ?

2 Lies die Texte und finde die passenden Bilder.

Das Gespenst in diesem Buch geistert nicht durch ein echtes Schloss. Es lebt in einem Türschloss in der Wohnung von Paul und soll von dort vertrieben werden. Zum Glück bekommt das Gespenst Zippel Hilfe.
Das Vorlesebuch ist für Kinder ab 6 Jahren.

Auf Schloss Burgeck lebt ein zufriedenes Gespenst. Da taucht König Julius auf und will in das Schloss einziehen. Weil das Gespenst die Verlobung des Königs stört, verbrennt der König die Spukerlaubnis.
Der Film zeigt, ob der gar nicht gruselige Hui Buh weiter spuken darf.

4 Kinder werden in einer Ruine in Geister verwandelt und tauschen immer wieder ihre Plätze. Wer ist denn jetzt wo?
Da muss man gut aufpassen!
Das Kartenspiel ist für Kinder ab 5 Jahren geeignet und dauert 15 bis 20 Minuten.

Ein unglaublich ekelhaftes Gespenst hat Hugo aus seiner Geister-Villa vertrieben. Gespensterjäger Tom überwindet seine Angst und will Hugo helfen.
Die Geschichte wird spannend vorgelesen.
Das Hörbuch hat 2 CDs.

Über die eigene Mediennutzung nachdenken
Über unterschiedliche Medienangebote lesen
Coverabbildungen den passenden Texten zuordnen

In dieser Villa kann sich jedes Kind ein Zimmer einrichten. Wer die Übungen im Lernturm meistert, kann etwas Schönes für sein Zimmer kaufen. Der Hausgeist Alfons hilft und gibt Erklärungen.
Die ALFONS Lernwelt können Kinder online am Computer entdecken.

Auf Burg Eulenstein gibt es Besucher, die kein Deutsch verstehen. Daher soll das kleine Gespenst Englisch lernen. ***Gespenst*** heißt ***ghost*** und ***Burg*** heißt ***castle***. Durch Lieder und Geschichten lernt nicht nur das kleine Gespenst Englisch, sondern auch die Zuhörer dieser CD.

Sie ist Schokomonsterjägerin, Erfinderin, Entdeckerin und beste Freundin. Eigentlich gruselt sie sich vor nichts und niemandem. Oder vielleicht doch?
In diesem Buch werden 6 lustige Abenteuer von Pippa erzählt. Das Buch hat viele Bilder und kurze Kapitel.

Paula weiß: Im Haus gegenüber spukt es. Sie ist nämlich gerade erst dort eingezogen und hat mit ihrem Handy sogar einen Fotobeweis gemacht. Ein neuer Fall für die 3 Freunde und Geisterjäger Paula, Finn und Anton!
In diesem Buch sind außerdem viele Rätsel versteckt, die man selbst lösen kann.

3 Wie gefallen dir die Medien? Begründe es einem Partnerkind.

Literarische Texte lesen

1 Sprich mit einem Partnerkind.
Worum könnte es in der Geschichte gehen?

2 Lies die Geschichte.

Spuk in der Speisekammer

von Ingrid Uebe

Larissas Mama hat Schoko-Kekse gebacken. Süß und braun und knusprig! Larissa mag Schoko-Kekse für ihr Leben gern. Leider hat Mama die Schoko-Kekse in einen großen Topf gelegt. Und dieser Topf steht nun in der Speisekammer ganz oben im Regal. Aber Larissa ist schlau. Sie weiß, wo die Leiter steht. Sie weiß, wie man hinaufklettert. Sie weiß, wie man leise, leise den Topf aufmacht und einen Schoko-Keks herausnimmt. Jeden Tag einen! Kurz vor Papas Geburtstag ist der Topf ratzekahl leer. Mama ist sehr erschrocken. Die Schoko-Kekse waren für Papas Geburtstag.

Wer hat denn bloß die Schoko-Kekse stibitzt? „Das war ein Gespenst!“, sagt Larissa. „Wahrscheinlich hat es furchtbaren Hunger gehabt.“ „Aha!“, sagt Mama und backt neue Schoko-Kekse.

Abends schleicht Larissa in die Speisekammer. Ganz oben auf dem Regal steht wieder der große Topf. Larissa holt die Leiter und klettert hinauf. Leise, leise macht sie den Topf auf. Doch sie findet nur ein Stück Schwarzbrot. Daneben liegt ein Zettel. Darauf steht:

Leise, leise macht Larissa den Topf wieder zu.

3 Was ist eine **Speisekammer**? Sage es einem Partnerkind.

- Ein Raum, in dem man isst.
- Ein Raum, in dem Lebensmittel aufbewahrt werden.

4 Finde in der Geschichte den Satz
Kurz vor Papas Geburtstag ist der Topf ratzekahl leer.

5 Lies die Geschichte noch einmal.
Schreibe ins Heft.

a) Larissas Mama hat Nusskekse gebacken.
b) Larissa sagt, ein Gespenst hat die Kekse stibitzt.
c) Larissa ist in der Speisekammer ganz leise.
d) Larissas Mama schreibt dem Gespenst einen Brief.

5)	stimmt	stimmt nicht
a)	☐	☐
b)	☐	☐
c)	☐	☐
d)	☐	☐

6 Warum sagt Larissa, dass ein Gespenst die Kekse stibitzt hat?
Schreibe ins Heft.

6) ...

Bücher lesen und vorstellen

1 Sprich mit einem Partnerkind.
Wie kommt Flex zu seiner Meinung?

2 Lies den Anfang des Buches über Cowboy Klaus.

Bohnen, Kaffee und Himbeer-Gelee

von Eva Muszynski und Karsten Teich

Cowboy Klaus und Lisa spielen Karten. Sie trinken Kaffee und teilen sich die letzte Dose Bohnen. „Heute ist Einkaufstag“, sagt Lisa. „Wir brauchen Bohnen und Kaffee.“ Cowboy Klaus stöhnt. Einmal im Monat muss er durch den Kaktuswald. „Hilfst du mir beim Umziehen?“, fragt er Lisa. Sie gehen in die Scheune. Als sie wieder herauskommen, hat Cowboy Klaus einen Taucheranzug an. Sein Kopf steckt in einer schweren Taucherglocke. Anzug, Helm und Stiefel sind fest miteinander verschraubt.

Jetzt kann ihn kein Kaktus mehr stechen.
So wankt Cowboy Klaus durch den Kaktuswald in die Stadt.
Beim Kaufmann starren ihn alle an. Wie immer.
„Ich brauche Bohnen und Kaffee“, nuschelt er in seinen Helm.
Draußen hört man: „Biffpauche Wooooonen Buntweleee!“
Niemand versteht Cowboy Klaus in seiner Taucherglocke.
„Sie rauchen Socken in Gelee?“, fragt der Verkäufer und staunt.
„Er braucht Maronen und Püree“, sagt ein Kunde.
„Er will ein Pflaster für den Zeh!“, meint ein anderer.
„Gib ihm Zitronen für den Tee“, fordert der Nächste.
So geht es weiter und weiter. Bis Cowboy Klaus
schwer bepackt aus dem Laden schwankt.

3 Beantworte die Fragen. Schreibe ins Heft.

a) Wer ist die Hauptperson in der Geschichte?

b) Wer ist Lisa?

c) Wovor schützt sich Cowboy Klaus? Wie macht er das?

3a) …
b) …

4 Welche Zeilen im Text haben dir besonders gut gefallen? Lies sie einem Partnerkind vor.

5 Sprich mit einem Partnerkind. Wie könnte Schwein Lisa reagieren, als Cowboy Klaus zurück nach Hause kommt?

6 Was hätte Cowboy Klaus beim Kaufmann machen können, damit man ihn versteht? Schreibe ins Heft.

Fachbegriffe für Bücher kennenlernen

1 Schau dir die Vorderseite und die Rückseite des Buches an.

Autorin

Titel des Buches

Vorderseite oder Cover

Lesealter / Lesestufe

Informationen zum Inhalt

Rückseite

2 Zeige einem Partnerkind

a) den Titel des Buches.

b) den Namen der Autorin.

c) für welche Klasse das Buch empfohlen wird.

d) die Informationen zum Inhalt des Buches.

3 Lies das Inhaltsverzeichnis.
Auf welchen Seiten findest du Informationen zu den Fragen?
Schreibe die Seitenzahlen ins Heft.

3a) Seite ...
b) ...
c) ...

a) Welche Aufgaben hat der Leitwolf?

b) Wo lebt der Wolf?

c) Wo findet man den Nachwuchs?

Inhalt

Inhaltsverzeichnis

AH S. 80

Fachbegriffe zum Thema Buch kennenlernen
Informationen auf einem Buchcover, auf der Buchrückseite und im Inhaltsverzeichnis finden

KV 143
Fö 175